BEI GRIN MACHT SICH IHR WISSEN BEZAHLT

AF151533

- Wir veröffentlichen Ihre Hausarbeit,
  Bachelor- und Masterarbeit

- Ihr eigenes eBook und Buch -
  weltweit in allen wichtigen Shops

- Verdienen Sie an jedem Verkauf

Jetzt bei www.GRIN.com hochladen
und kostenlos publizieren

Bibliografische Information der Deutschen Nationalbibliothek:

Die Deutsche Bibliothek verzeichnet diese Publikation in der Deutschen National-
bibliografie; detaillierte bibliografische Daten sind im Internet über http://dnb.d-
nb.de/ abrufbar.

Impressum:

Copyright © 2016 GRIN Verlag, Open Publishing GmbH
Druck und Bindung: Books on Demand GmbH, Norderstedt Germany
ISBN: 9783668295476

Dieses Buch bei GRIN:

http://www.grin.com/de/e-book/339430/das-lesetagebuch-als-unterrichtsmethode-
im-fach-deutsch

Anonym

Das Lesetagebuch als Unterrichtsmethode im Fach Deutsch

GRIN Verlag

Fakultät für Erziehungswissenschaft, Bewegungswissenschaft und Psychologie

Fachbereich Erziehungswissenschaft

Hausarbeit

Das Lesetagebuch als Unterrichtsmethode im Fach Deutsch

Inhaltsverzeichnis

1. Einleitung

Diese Hausarbeit ist Teil des Proseminars „Zu den besonderen Problemen des Deutschunterrichts an allgemein- und berufsbildenden Schulen", das ich im Wintersemester 2006/2007 besucht habe.

Das Referat ist in vier Teile gegliedert. In den ersten beiden Teilen wird je ein Text der Autorin Andrea BERTSCHI-KAUFMANN referiert. Der erste Aufsatz, der referiert wird, heißt „Kinderliteratur und literarisches Lernen. Lese- und Schreibentwicklungen im offenen Unterricht". Es geht um die Unterstützung und Förderung der individuellen Lern- und Leseentwicklung der Schüler durch ein reiches Angebot an Büchern in den Schulbibliotheken und durch den Einsatz des Lesetagebuchs im offenen Unterricht. Auf diese Weise können die Schüler[1] Leseinteressen, Lesehaltungen und die Identifikation mit dem in der Literatur vermittelten Thema erwerben, die sie dann auf dem Weg zum literarischen Lernen begleitet. Das gleiche Vorgehen spiegelt sich auch im zweiten Teil wider, wo ein weiterer Text von Andrea BERTSCHI-KAUFMANN referiert wird. Der Titel dieses Texts lautet „Leseverhalten beobachten – Lesen und Schreiben in der Verbindung". Auch in diesem Aufsatz macht BERTSCHI-KAUFMANN sich zum Wortführer des aktiven Umgangs der Schüler mit dem Lesestoff und mit den in den Texten behandelten Themen als Beitrag zum Erwerb literarischen Lernens. Unabhängig von den Leseinteressen und den Leseerfahrungen der Schüler sollen die Lehrer durch das Instrument der Beobachtung die entwickelten Fähigkeiten der Kinder erkennen und ihnen angemessene Förderungen anbieten, damit sie sich weiterentwickeln können. Der dritte Teil dieser Hausarbeit beschäftigt sich mit dem Aufsatz von Ingrid HINTZ „Förderung und Intensivierung des privaten und schulischen Lesens mit Hilfe des Lesetagebuchs" und versucht die Frage zu beantworten, warum der Einsatz des Lestagebuchs im Deutschunterricht sinnvoll ist. Am Ende der drei referierten Aufsätze erfolgt meine persönliche Stellungnahme zu den Texten von BERTSCHI-KAUFMANN und zu dem Text von HINTZ.

---

[1]Hier und im Folgenden verwende ich für „Schülerin/Schülerinnen" und „Schüler" aus Gründen der Zeit- und Platzersparnis die neutrale Form „Schüler".

2. RICHTER, Karin/ HURRELMANN, Bettina: Kinderliteratur im Unterricht: Theorien und Modelle zur Kinder- und Jugendliteratur im pädagogischen Kontext

Aus dem Buch von Karin RICHTER und Bettina HURRELMANN[2] wird das Kapitel „Kinderliteratur und literarisches Lernen. Lese- und Schreibentwicklungen im offenen Unterricht" von ANDREA BERTSCHI-KAUFMANN referiert und im Anschluss erfolgt eine persönliche Stellungnahme. Zuerst wird es darum gehen, welche didaktische Bedeutung in einer Schulbibliothek steckt, die voll mit Büchern ist. Darauf folgt die Analyse, welche Bedeutung der Einsatz der Methode des Lesetagebuchs im Unterricht hat. Anhand der Leseerfahrungen von manchen Schülern schließen sich ausführliche Kommentare zu den persönlichen Reaktionen der Kinder auf die Bücher, die sie im Unterricht gelesen haben an. In diesem Bereich schreibt BERTSCHI-KAUFMANN, wie Kinder, die Deutsch nicht als Muttersprache haben, auf das Lesen der Bücher reagieren und zeigt diesen Aspekt anhand des Beispiels des Textes von Burim.

2.1 BERTSCHI-KAUFMANN, Andrea: Kinderliteratur und literarisches Lernen. Lese- und Schreibentwicklungen im offenen Unterricht

Für Andrea BERTSCHI-KAUFMANN ist es besonders wichtig, dass die Schulbibliotheken ein großes Angebot an Büchern bereithalten. Die Kinder sollen in ihren Lesestunden nicht einzelne Bücher lesen, die von den Lehrern[3] vorgegeben sind. Vielmehr soll den Kindern die Möglichkeit gegeben werden, aus einer reichhaltigen Schulbibliothek das Buch zu wählen, welches sie lesen möchten. Bei ihrer Auswahl können die Kinder auch mit den Mitschülern besprechen, was sie lesen wollen. Auf diese Weise lernen die Kinder, untereinander zu interagieren und sich gegenseitig zu beraten. Durch dieses Unterrichtskonzept erfahren die Schüler, dass ihre „[...] Leseinteressen und Lesehaltungen [...]"[4] von den Lehrern beachtet werden. Außerdem

---

[2] RICHTER, Karin/HURRELMANN, Bettina: Kinderliteratur im Unterricht: Theorien und Modelle zur Kinder- und Jugendliteratur im pädagogisch-didaktischen Kontext. München: Juventa Verlag 1998.
[3] Hier und im Folgenden verwende ich für „Lehrerin/Lehrerinnen" und „Lehrer" aus Gründen der Zeit- und Platzersparnis die neutrale Form „Lehrer".
[4] BERTSCHI-KAUFMANN, Andrea: Kinderliteratur und literarisches Lernen. Lese- und Schreibentwicklungen im offenen Unterricht, in: RICHTER, Karin/HURRELMANN, Bettina: Kinderliteratur im Unterricht: Theorien und Modelle zur Kinder- und Jugendliteratur im pädagogisch-didaktischen Kontext. München: Juventa Verlag 1998, S. 200.

bauen die Schüler die Fähigkeit aus, sich in die Rolle des Lesers hineinzuversetzen und Imagination und literarische Muster zu entwickeln, bevor sie sich für ein Buch entscheiden.

Der Einsatz der Methode des Lesetagebuchs im Unterricht bereichert den Unterricht selbst, besonders die Lese- und Schreibstunde. Beim Schreiben der Lesetagebücher interagieren die Schüler mit ihrem Buch und mit ihrem Lehrer. Nach BERTSCHI-KAUFMANN zeigt sich diese Interaktion darin, wenn das Kind in seinem Lesetagebuch schreibt, malt und mit Freude durch sein Journal blättert und liest. Mit seinem Lehrer interagiert der Schüler, wenn er den Lehrer um Hilfe oder um eine kleine Beratung bittet, was er in sein Lesetagebuch eintragen kann. Durch schriftliche Formulierungen und Zeichnungen der Kinder kann der Lehrer den Zugang zu den Gefühlen und Emotionen gewinnen, die die Kinder beim Lesen des Buches empfunden haben. Durch diesen Zugang versteht der Lehrer weiterhin, wie die Schüler auf „[…] das offene literarische Angebot im freien, zwar begleiteten, aber nicht angeleiteten Unterricht […]"[5] reagiert haben.

Bei der Analyse der Reaktionen der Kinder auf die Bücher, die sie im Unterricht gelesen haben, stellt BERTSCHI-KAUFMANN in den Vordergrund, dass Mädchen und Jungen verschiedene Leseinteressen haben. Das zeigt sich bei den Titeln, die „[…] von beiden Geschlechtern gewählt und gelesen, aber auffallend unterschiedlich verarbeitet werden. […]"[6]. Einerseits identifizieren sich die Mädchen mit Buchhelden oder lieber mit einer Buchheldin, weil sie sich leichter mit dem eigenen Geschlecht identifizieren. Dieses Erkennen taucht bei der Schülerin Daniela aus einer vierten Klasse auf. Sie schreibt, es sei toll für sie, dass sie endlich ein Buch gelesen habe, wo Protagonisten Mädchen und keine Jungen seien. Im Gegensatz zu den Mädchen lesen die Jungen lieber Sachbücher und Bücher, die wegen der Handlung spannend sind.

Am Ende des Textes analysiert BERTSCHI-KAUFMANN, wie sich die Kinder, die nicht Deutsch als Muttersprache haben, Geschichten aneignen und ihre Lesetagebücher gestalten. Diese Kinder finden sich vor einer doppelten Schwierigkeit. Einerseits müssen sie ein Buch in einer ihnen fremden Sprache lesen. Andererseits soll man

---

[5]BERTSCHI-KAUFMANN, Andrea: Kinderliteratur und literarisches Lernen. Lese- und Schreibentwicklungen im offenen Unterricht, in: RICHTER, Karin/HURRELMANN, Bettina: Kinderliteratur im Unterricht, S. 203.
[6]BERTSCHI-KAUFMANN, Andrea: Kinderliteratur und literarisches Lernen. Lese- und Schreibentwicklungen im offenen Unterricht, in: RICHTER, Karin/HURRELMANN, Bettina: Kinderliteratur im Unterricht, S. 205.

damit rechnen, dass die Erzählwelten der Bücher nicht immer mit ihren „[…] Lebens- und Erfahrungswelten […]"[7] übereinstimmen. Aus diesem Grund kann es passieren, dass sich diese Kinder „[…] erst einmal auf die Entzifferung von Schriftzeichen, auf eine anstrengende Aneignung- und Decodierarbeit. […]"[8] konzentrieren. Diese Arbeit erfolgt, z. B. durch das Abschreiben von „[…] Kindergedichte[n], Sequenzen von Geschichten oder ganze[n] Klappentexte[n] […]"[9]. Im Gegensatz zu vielen deutschsprachigen Kindern, haben diese Kinder Schwierigkeiten, sich für Bücher zu entscheiden, für die sie sich wirklich interessieren. Sie entscheiden sich lieber für Bücher, die starke Emotionen hervorrufen. Das ist bei Burim der Fall, einem Schüler aus der vierten Klasse, der serbokroatisch als Muttersprache spricht. BERTSCHI-KAUFMANN berichtet, dass dieses Kind am Anfang viele Bücher gelesen und in seinen Lesetagebüchern einzige Textstellen abgeschrieben habe oder kurze Kommentare geschrieben habe. Einen qualitativen Wechsel erlebt Burim, wenn er ein Buch liest, das ihn emotional bewegt. So geschehen als er das Buch „Das war der Hirbel" gelesen hat. Es handelt von der traurigen Geschichte eines „[…] hirngeschädigten 'geschädigten' Jungen, der im Heim nur von einer Betreuerin wirklich verstanden und schließlich in eine Klinik weiterverwiesen wird. […]"[10]. Die Auseinandersetzung mit den Leiden von Hirbel ist ein Erfolg für Burim, weil es dem Kind gelingt, den Kern der Geschichte von Hirbel zu verstehen.

3. BERTSCHI-KAUFMANN, Andrea: Lesekompetenz, Leseleistung, Leseförderung. Grundlagen, Modelle und Materialen.

Aus dem Buch von Andrea BERTSCHI-KAUFMANN wird der von ihr geschriebene Aufsatz „Leseverhalten beobachten – Lesen und Schreiben in der Verbindung" referiert und im Anschluss erfolgt eine persönliche Stellungnahme. Zuerst wird es darum

---

[7]BERTSCHI-KAUFMANN, Andrea: Kinderliteratur und literarisches Lernen. Lese- und Schreibentwicklungen im offenen Unterricht, in: RICHTER, Karin/HURRELMANN, Bettina: Kinderliteratur im Unterricht, S. 210.
[8]BERTSCHI-KAUFMANN, Andrea: Kinderliteratur und literarisches Lernen. Lese- und Schreibentwicklungen im offenen Unterricht, in: RICHTER, Karin/HURRELMANN, Bettina: Kinderliteratur im Unterricht, S. 210.
[9]BERTSCHI-KAUFMANN, Andrea: Kinderliteratur und literarisches Lernen. Lese- und Schreibentwicklungen im offenen Unterricht, in: RICHTER, Karin/HURRELMANN, Bettina: Kinderliteratur im Unterricht, S. 211.
[10]BERTSCHI-KAUFMANN, Andrea: Kinderliteratur und literarisches Lernen. Lese- und Schreibentwicklungen im offenen Unterricht, in: RICHTER, Karin/HURRELMANN, Bettina: Kinderliteratur im Unterricht, S. 211.

gehen, wie verschieden die Schüler untereinander den eigenen Zugang zum Lesen finden. Darauf folgt eine Reflexion über das Verhalten der Kinder während des Leseprozesses am Anfang ihrer Schulzeit. Weiterhin beschäftigt sich BERTSCHI-KAUFMANN mit dem wichtigen Instrument der Beobachtung der Leseleistung der Schüler als konkrete Hilfe für die Lehrer, die das Lernen und die Förderung der Lernenden unterstützen. Zum Schluss wird referiert, was BERTSCHI-KAUFMANN in Bezug auf die positive Anwendung des Lesetagebuchs im Unterricht schreibt.

3.1 BERTSCHI-KAUFMANN, Andrea: Leseverhalten beobachten – Lesen und Schreiben in der Verbindung

Andrea BERTSCHI-KAUFMANN ist der Meinung, dass die Schüler den eigenen Zugang zu dem Lesen finden sollen. Es sei auf jeden Fall nicht negativ, dass Schüler, wie in diesem Fall die Schülerin Elif aus einer siebten Klasse einer Hauptschule, sich mit Lesen von Bravo-Heften beschäftigen. Diese Schülerin liest sehr gerne Geschichten aus den Bravo-Heften, die mit Liebe und Magersucht zu tun haben. Die Leseinteressen von Elif für die Bravo-Hefte werden von BERTSCHI-KAUFMANN als notwendige Phase berücksichtigt, durch die diese Schülerin gehen muss, um in die nächste Phase zu kommen, wo sie sich mit komplexeren Texten beschäftigen wird. Das passiert, wenn Elif ein Buch liest, dessen Thema das Problem der Magensucht der Figur ist. Der Fall von Elif stellt in den Vordergrund, dass nicht alle Kinder vertraut mit Büchern sind und mit den gleichen Leseerfahrungen in die Schule kommen. Aber die verschiedenen Leseinteressen der Schüler sollen von der Schule und von den Lehrern beachtet werden, um den Kindern geeignete Förderangebote anzubieten.

Dem Lesen von Texten liegt nach SCHNOTZ-DUTKE eine Aktivität zugrunde, die das Zusammenspiel von den verschiedenen Sinnelementen der Rezeption enthält und die von den Schrift- und Bildzeichen ausgehen. BERTSCHI-KAUFMANN erklärt diesen Aspekt anhand des Beispiels von den Erinnerungen aus der Kindheit von Ulla Hahn. Vor ihrem ersten Leseversuche hatte Ulla einen Stein, „[…] dessen Maserung ganz ähnlich aussah wie jene der Bücher […]"[11]. Ulla war als Kind von den Schriftlinien total fasziniert, die Geschichten in sich hatten. Als sie anfing, die Wörter zu le-

---

[11]BERTSCHI-KAUFMANN, Andrea: Leseverhalten beobachten – Lesen und Schreiben in der Verbindung, in: BERTSCHI-KAUFMANN, Andrea: Lesekompetenz, Leseleistung, Leseförderung. Grundlagen, Modelle und Materialen. Seelze-Velber: Erhard Friedrich Verlag GmbH 2007, S. 99.

sen, war sie von dem Laut der Wörter beeindruckt. Wenn sie nicht an diesen Laut beim Lesen dachte, war das Lesen der einzelnen Zeichen für sie bedeutungslos. Dieser Aspekt ist besonders wichtig bei den ersten Erfahrungen der Kinder mit der Aktivität des Lesens. Kinder sollen von den Lehrern begleitet werden zu verstehen, dass einzelne Zeichen durch ihren Laut an Substanz gewinnen. Durch die Buchstabenkombination sollen dann die Kinder wahrnehmen, dass sich Wörter entwickeln.

Als nächsten Schritt analysiert BERTSCHI-KAUFMANN das wichtige Instrument der Beobachtung der Leseleistung der Schüler. Durch die Beobachtung wird nicht in den Vordergrund gestellt, was das Kind nicht kann. Im Gegenteil soll der Lehrer durch das Instrument der Beobachtung Einsicht in dem Aspekt gewinnen können, was der Schüler schon kann. Außerdem soll der Lehrer den Schüler von dem Lernzustand abholen, wo er sich gerade befindet, um seine bereits erworbenen Fähigkeiten weiter zu entwickeln und zu fördern. Diese Entwicklung und Förderung im Lesebereich erfolgt nur im weiteren Umgang mit den Texten, an denen die Kinder Freude haben. Auf diese Weise wird der Schüler seinen eigenen Fähigkeiten und Stärken vertrauen und sich darüber bewusst werden, dass er es schaffen wird, seine Schwächen zu überwinden.

Die positive Anwendung des Lesetagebuchs im Unterricht hat dann einen zentralen Platz in dem Aufsatz von BERTSCHI-KAUFMANN. Das Lesetagebuch gilt nach BERTSCHI-KAUFMANN im Deutschunterricht als handlungs- und produktionsorientierte Methode. Die Kinder lesen ihre Bücher, die sie selber ausgewählt haben, und gestalten ihre Lesetagebücher mit verschiedenen Möglichkeiten. Sie können einzelne Stelle der Texte abschreiben, Bilder malen, usw. Das Abschreiben der Textstellen wird von der Autorin nicht negativ beurteilt, weil diese Tätigkeit ihnen Sicherheit beim Schreiben gibt. Die Kinder schreiben das ab, was ihnen wichtig ist. Außerdem lernen die Kinder, sich an literarischen Mustern zu orientieren, um ihren eigenen literarischen Weg zu finden und entwickeln.

4. HINTZ, Ingrid: Das Lesetagebuch: intensiv lesen, produktiv schreiben, frei arbeiten

Aus dem Buch von Ingrid HINTZ wird der Aufsatz „Förderung und Intensivierung des privaten und schulischen Lesens mit Hilfe des Lesetagebuchs" referiert. HINTZ unterteilt ihren Aufsatz in drei Teile und äußert sich zuerst zu dem Punkt des Förderns der Motivation der Schüler zum Lesen durch den Einsatz des Lesetagebuchs. Daran schließt sich an, wie das Lesen und die Leser gefördert werden können. Im dritten Teil beschäftigt sie sich mit dem Thema, wie durch das Lesetagebuch eine Verbindung zwischen dem Freizeitlesen und dem Lesen in der Schule hergestellt werden kann.

4.1 HINTZ, Ingrid: Förderung und Intensivierung des privaten und schulischen Lesens mit Hilfe des Lesetagebuchs

In ihrem Aufsatz zeigt HINTZ, warum der Einsatz des Lesetagebuchs im Deutschunterricht sinnvoll ist. Die Didaktiker vertreten die Meinung, dass diese Unterrichtsmethode den Kindern die Möglichkeit anbieten soll, sich mit Büchern auseinanderzusetzen und ihnen Freude beim Lesen zu vermitteln. Der Einsatz des Lesetagebuchs soll laut HINTZ schon im ersten Schuljahr beginnen, weil die Lehrer die fortschreitende Leseleistung und die Leseinteressen ihrer Schüler besser beobachten und festhalten können. Zu der wichtigen Funktion des Lesetagebuchs äußern sich auch Kurt FRANZ, Bernhard MEIER und Gerhard HAAS. FRANZ und MEIER sind der Meinung, dass das Lesetagebuch die Kinder dazu bringt, eine Reflexion über die von ihnen gelesenen Bücher zu führen. Auch Gerhard HAAS schreibt dem Lesetagebuch die positive Funktion der Kommunikation des lesenden und schreibenden Schülers mit sich selbst zu, weil er ein Buch liest und es bzw. ausgewählte Passagen des Buchs mit eigenen Worten und Bildern kommentiert.

In ihrem Aufsatz zitiert HINTZ auch den Beitrag „Leseerziehung durch Individuallektüre – Beispiel 'Lesetagebuch'"[12] von Helga NEUMANN. NEUMANN vertritt die These, dass freizeitbestimmte Lektüre neben Klassen- und Gruppenlektüren sehr wichtig ist, wenn die Schüler ihre Lesetagebücher verfassen. Die Lehrer sollen einen Lesepass in der Klasse führen lassen, wo die Schüler ihre Lektüre eintragen sollen. Außerdem sollen die Schüler über ihre privaten Leseerlebnisse berichten, ihren Mitschülern Spannungshöhepunkte präsentieren und Buchkritiken begründen. In diesem Vorgehen bleibt der Lehrer ein Berater, der nach NEUMANN die Eintragungen der

---

[12] HINTZ, Hingrid: Das Lesetagebuch: intensiv lesen, produktiv schreiben, frei arbeiten. Bestandaufnahme und Neubestimmung einer Methode zur Auseinandersetzung mit Kinder- und Jugendbüchern im Deutschunterricht. 2. erweiterte Auflage. Schneider Verlag Hohengehren GmbH 2005, S. 72.

Schüler in ihren Lesetagebüchern mit Kommentierungen versehen soll, die dem Zweck verfolgen, die Lesehaltungen der Schüler zu verstärken. Laut NEUMANN muss der Lehrer keinen Rotstift benutzen und keine Rechtschreibe- oder Zeichensetzungsfehler anstreichen, um zu vermeiden, dass der zurückhaltende und leistungsschwächere Schüler das Interesse und die Freude am außerschulischen Lesen verliert.

Die wichtige Verbindung durch das Lesetagebuch zwischen dem Freizeitlesen und dem Lesen in der Schule steht auch im Mittelpunkt der Reflexionen von Michael SAHR UND Monika BORN. Sie legen den Akzent darauf, dass die Schüler ihre Lesetagebücher über Bücher verfassen, die sie zuhause gelesen haben. Auf diese Weise können die Schüler ihre Erfahrungen mit Büchern festhalten. Andererseits können die Lehrer hoffen, dass das Lesetagebuch die Schüler motiviert, weitere Bücher zu lesen, Leseerlebnisse zu sammeln und sich mit den Büchern reflektierend auseinanderzusetzen.

5. Persönliche Stellungnahme

Insgesamt haben mir die Texte von Andrea BERTSCHI-KAUFMANN und von Ingrid HINTZ sehr gut gefallen.

Der erste Text „Kinderliteratur und literarisches Lernen. Lese- und Schreibentwicklungen im offenen Unterricht" von BERTSCHI-KAUFMANN ist sehr verständlich geschrieben. Besonders positiv ist mir aufgefallen, dass BERTSCHI-KAUFMANN am Anfang ihres Textes die Aufmerksamkeit auf das persönliche Interesse der Kinder konzentriert. Beim Prozess der Selbstauswahl der Bücher bekommen die Schüler die Chance, sich selbst nicht mehr als passive Objekte, sondern als aktive Subjekte des Unterrichts wahrzunehmen. Diese aktiven Subjekte entscheiden, was für ein Buch sie lesen und wie sie ihr Lesetagebuch gestalten werden. Auf diese Weise gewinnen die Kinder Vertrautheit mit der Unterrichtsmethode des Lesetagebuchs. Weiterhin schreibt BERTSCHI-KAUFMANN, dass kein Kind beim Schreiben des Lesetagebuchs benachteiligt wird. Das taucht vor allem bei den Kindern auf, die ihre ersten Erfahrungen mit der deutschen Sprache in der Schule machen. Es kann passieren, dass diese Kinder einen differenzierten Annährungsversuch zum Lesen und dann zum Schreiben eines Lesetagebuchs machen. Anders als viele deutschsprachige Kinder schreiben viele Kinder am Anfang ihres Fremdsprachenlern- und leseprozesses einige Abschnitte der Geschichten ab, die sie in den Büchern lesen. Dieser Arbeitsprozess stellt für diese Kinder ihren Annährungsprozess zu den Büchern dar. Meiner Meinung nach ist dieser Verlauf eine notwendige Etappe in der Entwicklung dieser Kinder. Wenn sie Bücher finden, für deren Themen sie sich wirklich interessieren, sind sie in der Lage, Ordnung in ihre Gedanken zu bringen und zu sagen, dass sie sich für bestimmte Themen interessieren. Das ist bei Burim der Fall, dessen Leseinteresse von der traurigen Geschichte von Hirbel geweckt wird.

Ein weiterer Faktor des Textes von BERTSCHI-KAUFMANN, der mir sehr gut gefallen hat, bezieht sich darauf, dass die Schüler sehr gerne durch ihre Lesetagebücher blättern und lesen. Wenn die Kinder etwas selber geschrieben oder gemalt haben, was sie sehr gerne gemacht haben, wollen sie sich das auf jeden Fall immer wieder angucken. Außerdem macht es sie stolz auf ihre Produkte. Das Gleiche habe ich selber erlebt, als ich die Lesetagebücher für mein Seminar des Sprachlichen Anfangsunterrichts geschrieben habe. Ich komme aus Italien und in meiner Grundschulzeit habe ich nie ein Lesetagebuch geschrieben. Das Schreiben der Lesetagebücher ist wirklich eine positive Erfahrung für mich gewesen. Immer wieder blättere ich in meinen Lesetagebüchern durch und lese sehr gerne darin.

Auch der Aufsatz „Leseverhalten beobachten – Lesen und Schreiben in der Verbindung" von ANDREA BERTSCHI-KAUFMANN hat mir sehr gut gefallen. Besonders positiv ist mir aufgefallen, dass die Autorin in den Vordergrund stellt, wie wichtig die Anerkennung der Leseinteressen der Schüler ist. Auch das Lesen von einfachen Texten, wie z. B. Bravo-Hefte, ist eine Voraussetzung für den Umgang mit anspruchsvolleren Texten. Ich glaube daran, dass Lehrer durch Beachtung der Leseinteressen und den Lieblingsthemen der Schüler Aufmerksamkeit schenken, kann ihnen einen Einblick in die Entwicklung der Kinder gewähren. Dieser Einblick stellt eine konkrete Hilfe für die Lehrer und die Schüler zugleich dar. Die Lehrer sind in der Lage, die Stärken und Schwächen der Schüler zu erkennen und den Schüler dementsprechende Förderungen anzubieten, damit diese sich weiterentwickeln können. Ich bin sehr beeindruckt von diesem Instrument, das der Schule heutzutage zur Verfügung steht. Die Kinder werden nicht mehr benachteiligt. Unabhängig von ihrer Lernentwicklung bekommen sie die Chance, sich selbst und ihre Leistung in der Schule zu verbessern und weiterzuentwickeln. Ich finde es toll, dass BERTSCHI-KAUFMANN dieses „Machtmittel" der Schule in ihrem Aufsatz in den Vordergrund stellt.

Zum Schluss möchte ich den Aufsatz von Ingrid HINTZ kurz kommentieren. Wie BERTSCHI-KAUFMANN schon betont hat, stellt auch HINTZ den positiven Aspekt des aktiven Schülers in den Vordergrund, der zuhause in seiner Freizeit Bücher liest und dann in der Schule über diese Bücher Lesetagebücher verfasst. Auf diese Weise gewinnen die Kinder Vertrautheit mit dem Stoff „Lesen" und zugleich mit dem „Schreiben" beim Verfassen des Lesetagebuchs. Was mir an dem Aufsatz von Ingrid HINTZ sehr gut gefallen hat, bezieht sich auf die Rolle des Lehrers, der neben den Schülern als Berater steht. Er soll die Lesetagebücher seiner Schüler lesen und sie mit Kommentierungen versehen, die aber nicht mit einem Rotstift geschrieben werden sollen und auch nicht auf die Rechtschreibe- oder Zeichensetzungsfehler achten. Ich bin der Meinung, dass dieser letzte Punkt sehr wichtig ist, damit auch der leistungsschwächere Schüler die Motivation nicht verliert, sich mit dem Lesen von Büchern in seiner Freizeit zu beschäftigen.

Literaturverzeichnis

BERTSCH-KAUFMANN, Andrea: Lesekompetenz, Leseleistung, Leseförderung. Grundlagen, Modelle und Materialen. Seelze-Velber: Erhard Friedrich Verlag GmbH 2007, S. 99.

RICHTER, Karin/HURRELMANN, Bettina: Kinderliteratur im Unterricht: Theorien und Modelle zur Kinder- und Jugendliteratur Im pädagogisch-didaktischen Kontext. München: Juventa Verlag 1998, S. 200.

HINTZ, INGRID: Das Lesetagebuch: intensiv lesen, produktiv schreiben, frei arbeiten. Bestandaufnahme und Neubestimmung einer Methode zur Auseinandersetzung mit Kinder- und Jugendbüchern im Deutschunterricht. 2. erweiterte Auflage. Schneider Verlag Hohengehren GmbH 2005, S. 70.